Reise durch

CHICAGO
UND DIE GROSSEN SEEN

Bilder von
Christian Heeb

Texte von
Thomas Jeier

Stürtz

WABASH AVENUE

Erste Seite:
Der Lake Superior an der Grenze zwischen den USA und Kanada ist der größte der Great Lakes. Mit einer Fläche von über 82 000 Quadratkilometern ist er ungefähr so groß wie Österreich. Schon für die Indianer und Pelztierjäger war er ein wichtiger Verkehrsweg.

Vorherige Seite:
„Schweinemetzger für die Welt", schrieb Carl Sandburg in seinem berühmten Gedicht über Chicago, „Werkzeugmacher, Weizenstapler, Spieler mit Eisenbahnen und Frachtenverteiler der Nation, stürmisch, rüde, lärmerfüllt." Abendlicht am Chicago River.

Unten:
Die Chaquamegon Bay liegt im nördlichen Wisconsin. Schon um 1658 sollen hier Medard des Groseillers und Pierre-Esprit Radisson, zwei französische Pelztierjäger, gesiedelt haben. Sie waren die ersten Weißen im späteren Bundesstaat.

Seite 10/11: *Als „Dritte Küste" bewerben die Touristik-Unternehmen den Lake Michigan. Zahlreiche Strände am zweitgrößten Great Lake sind für ihren weichen, „singenden" Sand berühmt. Das Geräusch entsteht durch den hohen Quarzgehalt. An der Ostküste türmen sich hohe Dünen.*

Inhalt

Grandiose Architektur und urwüchsige Natur – Chicago und die Großen Seen

Der Leuchtturm Big Sable Point Light wurde schon 1867 auf dem Gebiet des heutigen Ludington State Park am Ufer des Lake Michigan erbaut. Seit 1936 gehört der Park zu den begehrtesten Urlaubszielen in Michigan. Vor allem Wanderer begeistern sich für die vielseitige Natur.

Am 22. Juli 1934 starb John Dillinger, einer der berüchtigten Gangster der „Depressions-Ära“, vor dem Biograph Theater. FBI-Agenten und die Polizei hatten ihm aufgelauert und ihn mit Kugeln durchsiebt. In dem ehemaligen Kino residiert inzwischen das Victory Gardens Theater, eine der angesehensten Schauspielbühnen abseits der Musical-Tempel in Chicago. Über zweihundert Theater gibt es in der Stadt, die während der letzten Jahrzehnte mehr durch ihre Architektur als durch ihre eher düstere Vergangenheit als Gangster-Metropole überzeugt.

Chay Yew, der künstlerische Direktor des Ensembles, schätzt die Theaterszene der Stadt, die vor allem auf den kleinen Bühnen schon längst nicht mehr auf die Gastauftritte New Yorker Off-Broadway-Bühnen angewiesen ist. „Unsere Szene ist anders“, erklärt er uns im Zuschauerraum des Theaters. „Hier geht vor allem die Mittelklasse ins Theater. Ehrliche und rechtschaffene Leute, die keinen Fantasien nachhängen, sondern die Wirklichkeit in einem Stück erkennen wollen. Und nachdem der Vorhang gefallen ist, wollen sie über das Stück diskutieren und ihre Meinung loswerden. Wir sprechen nach jeder Aufführung mit den Zuschauern. Wir spielen fast ausschließlich neue Stücke von Chicagoer Autoren, unterstützen sie bei ihrer Arbeit und diskutieren vor Publikum.“

„Der Unterschied zu den größeren Bühnen in New York?“, überlegt Damon Kiely, der künstlerische Direktor des American Blues Theater, „wir ordnen uns nicht dem Kommerz unter.“

Chicago hat viele Gesichter, und wer den Loop, die Michigan Avenue, den Millennium Park und die weltberühmten Museen kennt, hat nur einen Teil der Stadt gesehen. Den wahren Charakter der Metropole erkennt man in Vororten wie Pilsen, dem ehemaligen Viertel osteuropäischer Einwanderer auf der Lower West Side. Pilsen ist bunt, nicht nur wegen des Völkergemischs, das sich dort angesiedelt hat. Zahlreiche Häuser sind fantasievoll bemalt, die einst schmutzigen Hinterhöfe hat man in blühende Gärten verwandelt, und an der West 16th Street südlich

des Güterbahnhofs sind die Mauern vor der Böschung und sogar die Wände der Unterführungen mit farbenprächtigen Wandmalereien verziert.

Die Rückkehr in den Loop gleicht einer Reise von einer Stadt in die andere, denn Chicago ist kein organisches Gebilde, sondern ein Zusammenschluss von Neighborhoods, die alle ihren eigenen Charakter haben. Im Loop, einem Ring aus Hochbahnschienen, schlägt das Herz der Stadt, ragen Wolkenkratzer wie der Willis Tower, der ehemalige Sears Tower, aus dem Häusermeer. Die Stadt, die während des Großen Feuers bis auf den historischen Wasserturm niedergebrannt war, bot den besten Architekten aus aller Welt ein willkommenes Betätigungsfeld und wuchs zur wohl interessantesten Metropole der USA heran. Nicht einmal in New York ist die Architektur so vielseitig. Zahlreiche Unternehmen bieten architektonische Touren an. Abseits des Loops locken der Millennium Park, der zur Jahrtausendwende mit zahlreichen Konzertbühnen eröffnet wurde, und berühmte Museen wie das Art Institute of Chicago und das Field Museum of Natural History. Jenseits des Chicago River wird die Michigan Avenue zur Miracle Mile mit exklusiven Kaufhäusern und Boutiquen, weiter nördlich liegen Old Town und Rush/Division, die Vergnügungsviertel der Stadt. Am Ufer des Lake Michigan wartet der Navy Pier mit einem Riesenrad, Karussells und Lokalen.

Inland Seas

Die Großen Seen tragen ihren Namen zu Recht. Sie sind groß, so unfassbar groß, dass man an den Küsten glaubt, am Ufer eines Meeres zu stehen, und das Wasser in der Ferne mit dem Horizont verschmilzt. „Inland Seas" nennen sie manche, ein Binnenmeer. Mit knapp 245 000 Quadratkilometern bilden der Lake Erie, Huron, Michigan, Superior und Ontario die größte Süßwasserfläche der Erde. Das entspricht ungefähr der Fläche von Großbritannien. Sie entstanden vor ungefähr zehntausend Jahren, als die Erwärmung nach der letzten Eiszeit die Gletscher im Norden des amerikanischen Kontinents schmelzen ließ. Durch den Saint Lawrence River und seit dem Bau des Erie Canals auch durch diese künstliche Wasserstraße sowie den Hudson River sind sie mit dem Atlantik verbunden. Ideale Voraussetzungen für Industrie und die kommerzielle Schifffahrt, die einen wertvollen Beitrag zur Wirtschaft der anliegenden US-Staaten und Kanadas leisten und lediglich während der langen und strengen Winter zwangsweise pausieren müssen. Dann sind weite Teile der Großen Seen vereist, und ein kalter Wind und heftige Schneefälle fegen über den Snow Belt. Während der warmen Jahreszeit locken sie mit einer üppigen Natur, pulsierenden Metropolen, verträumten Dörfern und breiten Stränden.

Land der vierzehntausend Seen

In Minnesota sind sie stolz auf ihre Seen. „Land der zehntausend Seen", steht auf den Nummernschildern des Staates. „Eher vierzehntausend", verrät der Angler, dem wir auf dem Burntside Lake begegnen. Selbst im Stadtgebiet von Minneapolis erstreckt sich eine „Chain of Lakes", darunter auch Lake Calhoun, ein Naherholungsgebiet mit romantischen Uferwegen und einer Rundstraße. Im Schatten der Nachbarstadt St. Paul geizt der Mississippi ebenfalls nicht mit Wasser. Was nicht heißen soll, dass die „Twin Cities" außer Wasser nichts zu bieten haben. St. Paul lockt mit einem ehrwürdigen Kapitol und einer respektablen Kathedrale, und entlang der East Mississippi River Road stehen herrschaftliche Villen, in denen einst Gangster wie Al Capone ihre reiche Beute versteckten. Minneapolis überrascht mit Kultur im Überfluss. Im Guthrie Theater, mit seiner nachtblauen Fassade auch architektonisch eine Überraschung, überzeugt ein erstklassiges Ensemble, und vor dem futuristischen Walker Art Center mit moderner Kunst säumt ein riesiger Löffel mit Kirsche den Spoonbridge & Cherry Fountain.

Zurück in die Wildnis: Im Mille Lacs Indian Museum nördlich der Twin Cities zeigen die Ojibway-Indianer, wie abhängig ihre Vorfahren von der Natur waren. Westlich der Mille Lacs locken die Brainerd Lakes und das Cuyuna County mit ländlicher Idylle und verträumten Dörfern wie Crosby und Deerwood. Im Itasca State Park entspringt der Mississippi, der einem hier nicht mal bis zu den Knien reicht. Die „Boundary Waters", ein riesiges Gebiet mit verzweigten Seen und Flüssen, erstrecken sich bis zur kanadischen Grenze und bieten abseits der Großen Seen noch unverfälschte Natur. Auf einem mehrstündigen Ausflug in einem Kajak oder Kanu begegnet man seltenen Vögeln und anderen Tieren.

Die Küste des Lake Superior zeigt sich in Minnesota geheimnisvoll. An der North Shore hängen meist dichte Nebelschwaden über dem Split Rock Lighthouse, einem der malerischsten Leuchttürme im Gebiet der Großen Seen. Seit 1909 ragt der Leuchtturm weithin sichtbar von einem Felsen empor. Noch immer tönt das Nebelhorn über den weiten See und warnt die Seefahrer vor Gefahren.

Mit maritimer Atmosphäre und einer malerischen Altstadt fasziniert Duluth, die größten Attraktionen aber sind der Hafen mit seiner riesigen Hebebrücke, die sich für jeden der

Der Buckingham Fountain im Grant Park von Chicago gehört zu den größten Brunnen der Welt. Er wurde nach dem Latona-Brunnen in Versailles gestaltet und ist von April bis Oktober in Betrieb. Abends erstrahlt der Brunnen häufig in allen Regenbogenfarben.

gewaltigen Frachter in die Höhe schraubt, und das Lake Superior Maritime Visitor Center mit detaillierten Modellen und Schaubildern über den Schiffsverkehr auf den Großen Seen. Das Great Lakes Aquarium, eines der größten Süßwasser-Aquarien der Welt, informiert über die Bewohner der Großen Seen. Historische Züge warten im Lake Superior Railroad Museum.

Deutsche Wurzeln in Wisconsin

Fünfzehntausend Seen will jemand im Nachbarstaat Wisconsin gezählt haben. Vor allem deutsche Einwanderer prägten den landwirtschaftlichen Charakter des Landes. Sie gründeten zahlreiche Farmen in den fruchtbaren Tälern, die sie an ihre Heimat in Deutschland erinnerten und stellten Bier und Käse her, beides heute noch beliebte Spezialitäten des „Badger State“. In Milwaukee setzte sich der Hang nach deutscher Gemütlichkeit durch, indem man zahlreiche Grünflächen für die Besiedlung sperrte und die Ufer des Lake Michigan landschaftlich gestaltete. Zeitweise gab es sechs deutschsprachige Zeitungen in Wisconsin, zahlreiche deutsche Clubs und Kirchen, deren Gemeinden teilweise noch bis heute bestehen.

Milwaukee wurde vor allem für sein gutes Bier bekannt. Die Miller Brewing Company ist in der Stadt beheimatet, zahlreiche andere Brauereien wie Pabst oder Schlitz mussten schließen oder wurden von Konzernen geschluckt. In ihren modischen Microbreweries wird Milwaukee aber auch heute noch seinem Ruf als „Beer Capital of the World“ gerecht. Von den Farmen in zahlreiche Feinkostgeschäfte wandert würziger Käse, die Auswahl ist so groß wie in Frankreich oder der Schweiz. Wisconsin hat auch kulinarisch einiges zu bieten.

Wertvolle Gemälde und Skulpturen, vornehmlich aus dem Amerika und Europa des 19. und 20. Jahrhunderts, warten in einem auch architektonisch interessanten Museum am Seeufer. Das strahlend weiße Dach des Milwaukee Museum of Art öffnet und schließt sich wie eine riesige Muschel. Am Lake Michigan, auch in unmittelbarer Nähe des Museums, führen Joggingpfade und Radwege entlang. Aus der Ferne grüßt das Firmenzentrum von Harley-Davidson, für viele Besucher von Milwaukee, vor allem die auf Bikes, das Mekka der Stadt. Nördlich der Stadt erstreckt sich das Door County mit seiner wildromantischen Küste, verschlafenen Dörfern und Leuchttürmen, die an die schönsten Ecken von New England erinnern. Sportfreunde zieht es nach Green Bay, zum Lambeau Field, dem Stadion der Green Bay Packers, einem der bekanntesten Teams der NFL. Die Packers sind der einzige Footballclub der National Football League, den sich kein Milliardär unter den Nagel gerissen hat. Fast alle Bürger besitzen Anteilscheine an den Packers, und entsprechend populär ist der Club.

Ländliche Idylle in Illinois

Bill Shea verbrachte sein ganzes Leben an der legendären Route 66. Von 1935 bis 1982 arbeitete er auf seiner Tankstelle in Springfield, Illinois. Inzwischen hat er seine Werkstatt in ein Museum umgewandelt, mit alten Tanksäulen, historischen Straßenschildern und seltenen Fotos aus der turbulenten Geschichte der „Main Street of America". Abraham Lincoln lebte eine Zeit lang in der Nähe, und das alte Kapitol, in dem er seine berühmten Reden hielt, und das Grab des berühmten Präsidenten gehören zu den Attraktionen von Springfield. Nur die Route 66 ist bei vielen Besuchern noch beliebter. Bill Shea: „Der Mythos lebt immer noch!"
Die ländliche Idylle der damaligen Zeit ist in den malerischen Dörfern der Umgebung lebendig: in Chatham, wo jährlich ein „Kuhfladen-Weitwurf-Wettbewerb" stattfindet; in Carlinville, das unter die hundert schönsten Kleinstädte der USA gewählt wurde; in Mount Pulaski mit seinem alten Gerichtsgebäude; in Arthur und Arcola, wo man sich die Straße mit den Pferden und Buggys der Amish People teilt. Südlich von Springfield ändert sich die Szenerie kaum. Endlose Felder, verwitterte Getreidesilos und Scheunen, verträumte Kleinstädte. Im Great Rivers Country treffen sich Ohio und Illinois River und der Mississippi.

Fünf-Sterne-Wildnis in Michigan

Als „Five-Star-Wilderness" bezeichnet sich die Upper Peninsula von Michigan, die nördliche Halbinsel des zweigeteilten Bundesstaates, und übertreibt damit kein bisschen. Mit ausgedehnten Wäldern und Seen erinnert das Land an Kanada. An der Küste wartet Marquette, eine historische Stadt, die ihre Existenz und seinen Hafen der nahen Eisenerzmine zu verdanken hat. Auch hier markiert ein Leuchtturm, das pinkfarbene Marquette Harbor Lighthouse, die Küste. Im Marquette Maritime Museum erfährt man vom geheimnisvollen Wrack der „Edmund Fitzgerald", die 1975 im Lake Superior versank. Mehr als elftausend Schiffe mit über neunzig Millionen Tonnen Fracht fahren jährlich durch die Schleusen bei Sault Sainte Marie. Vor den Augen zahlreicher Schaulustiger schweben die mächtigen Frachter vom Lake Michigan zum Lake Superior empor. Einer der riesigen Frach-

In allen Braun- und Rottönen erstrahlen die Felsen der Pictured Rocks National Lakeshore an der Nordküste von Upper Michigan. Über siebzig Meilen erstreckt sich die farbenprächtige Steilküste von Munsin nach Grand Marais. Der Chapel Rock gehört zu den bekanntesten Felsformationen.

ter, die „Valley Camp", liegt auf dem Trockenen und wurde in ein historisches Museum umgewandelt. Tief im Bauch des einstigen Superfrachters erfährt man so einiges über Seebären und legendäre Schiffe.

Über den imposanten „Big Mac", die acht Kilometer lange Mackinac Bridge, geht es in den südlichen Teil von Michigan. Im nachgebauten Fort Michilimackinac erinnern kostümierte „Engländer" an den Krieg zwischen Indianern und Engländern, ein Fährschiff bringt die Besucher zur nahen Mackinac Island. Auf der autofreien Insel warten Pferdekutschen und eine Vielzahl von Shops und Restaurants auf die „Fudgies", wie die Besucher genannt werden, weil kaum jemand ohne die leckere Schokomasse abfährt. Abseits des Trubels locken felsige Küsten, pastellfarbene Häuser und das blaue Wasser des Lake Huron. Das historische Fort Mackinac wurde während des Unabhängigkeitskrieges von den Engländern errichtet. Der Mackinac Island State Park, der fast die ganze Insel einnimmt, wurde unter die zehn schönsten State Parks gewählt.

Für Traverse City am Lake Michigan spricht vor allem die romantische Lage. Wie an einer Perlenschnur ziehen sich kleine Hotels und Motels, aber auch stimmungsvolle Restaurants und Marinas an der halbmondförmigen Bucht des Lake Michigan entlang. Dazwischen liegen Wohnhäuser, kleine Parks und Grünflächen, im Sommer mit bunten Lichtern und Lampions geschmückt, vor allem während der zahlreichen Festivals und Konzerte. Außerhalb der Stadt findet man versteckte Buchten, ideal zum Angeln und Relaxen, verstreute Blockhäuser und lichten Wald über der zerklüfteten Küste des Lake Michigan. Eine schmale Straße führt zum Leuchtturm auf der Old Mission Peninsula, vorbei an den Obstständen der Farmer. Die Halbinsel ist für ihre hervorragenden Äpfel bekannt. An sonnigen Tagen leuchten die bunten Segel der Jachten auf dem See. In der Ferne ziehen Frachter und Containerschiffe vorbei. Noch immer ist der Lake Michigan ein wichtiger Transportweg, bis nach Chicago und über den Lake Superior nach Ontario und über den Lake Huron in die Nähe von Detroit verkehren die schwer beladenen Schiffe.

Im Hafen von Holland, einem von Holländern gegründeten Städtchen im westlichen Michigan, ragt „Big Red" empor, einer der meistfotografierten Leuchttürme am Ufer der Großen Seen. Seine rote Farbe bekam er erst 1956 auf Befehl

der US Coast Guard, die verlangt, dass alle Leuchttürme rechts von der Hafeneinfahrt rot angestrichen sein müssen. Ein langer Steg führt in den Lake Michigan hinaus, und in einer kleinen Bucht lockt ein Sandstrand.
Seinen Namen verdankt Holland einem holländischen Pfarrer und seiner Familie, die sich bereits 1847 an der Küste niederließen. Seinen Anhängern ist auch die Hafenzufahrt vom Lake Macatawa zum Lake Michigan zu verdanken. Seiner holländischen Vergangenheit wird das Städtchen noch heute gerecht. In Nelis' Dutch Village Theme Park werden die Niederlande des 19. Jahrhunderts mit ihren verwinkelten Backsteinhäusern, Gärten und Kanälen lebendig, während des Tulip Time Festivals im Mai blühen über hunderttausend Tulpen in allen Farben, in den Souvenirläden werden Holzschuhe und Delfter Kacheln angeboten, und natürlich darf auch eine Windmühle nicht fehlen. Kein Fake, sondern eine authentische Windmühle, in der Alisa Crawford, eine ausgebildete Müllerin, die fließend Holländisch spricht, den angelieferten Weizen zu Mehl verarbeiten lässt.

Achterbahnen und Rock 'n' Roll

Ohio stößt mit seiner Nordgrenze an den Lake Erie und die kanadische Grenze und lockt mit zahlreichen Stränden am Seeufer und mit fruchtbarem Farmland im Landesinneren. Während der Indianerkriege hart umkämpft und Schauplatz erbitterter Kämpfe, bietet das einstige Pionierland eine Vielzahl von historischen Attraktionen, Reenactments (Nachstellungen historischer Schlachten) und Festivals.
An der Küste wartet Cedar Point, die „Rollercoaster Capital of the World". Die „Hauptstadt der Achterbahnen" macht ihrem Ruf alle Ehren, vereint im benachbarten Vergnügungspark die modernsten und steilsten Achterbahnen der Welt. Im nahen Cleveland ragt die futuristische Pyramide der „Rock and Roll Hall of Fame" in die Höhe. In den Schaukästen sind Kleidungsstücke, Instrumente und andere Memorabilia bekannter Künstler ausgestellt, und in zahlreichen Theatern laufen Musikfilme aus mehreren Jahrzehnten, darunter das Central Park Concert von Simon & Garfunkel in New York und der Las-Vegas-Auftritt von Elvis.
Im Zoo von Cleveland, ebenfalls weltberühmt, ist man den Elefanten so nahe wie in keinem anderen Tierpark, und die Giraffen fressen nur wenige Meter von einem entfernt aus den Futterkörben. Eher gelassen präsentiert sich der riesige Gorilla in seinem Gehege. Eine grüne Lunge inmitten der Industriestadt, die ihre bewegte Vergangenheit bis heute nicht verleugnen kann. Man hat sich nie etwas vorschreiben lassen in dieser Stadt, hat immer nach seinen

Über den Ontariosee blickt man auf das kanadische Toronto. Durch den flächenmäßig kleinsten der großen Seen verläuft die Grenze zu Kanada.

eigenen Gesetzen gelebt, und vielleicht ist es gerade dieser Widerspruch zwischen rauer Industriestadt und moderner Metropole, die Cleveland so anziehend macht.

Natur und schnelle Autos

Nur mit einem kleinen Teil seiner nördlichen Grenze stößt Indiana an den Lake Michigan. Südlich der Küstenstraße wartet ein beschaulicher Staat mit ländlichem Charakter und einer Natur, die wie geschaffen für einen entspannten Urlaub ist. Vor allem im Spätsommer, wenn sich das Laub der Bäume verfärbt, fühlt man sich als Wanderer oder Radfahrer in eine andere Welt versetzt.

Im Conner Prairie Interactive History Park in Fishers wähnt man sich auf einer Reise in die Vergangenheit des Staates, erlebt man Farmer und Handwerker in historischen Kostümen bei der Arbeit und wird Zeuge einer historischen Schlacht des Bürgerkriegs. Entlang des Heritage Trails bei Elkhart kommt man mit dem einfachen Leben der Amish in Berührung, bestaunt man ihre nach historischen Vorlagen hergestellten Möbel und handgemachten Käse, Backwaren und Honig.

Nach dem Vorbild von Washington, D.C. wurde Indianapolis gebaut, die Hauptstadt von Indiana. Als Eisenbahnknotenpunkt wurde die Stadt rasch zu einem wichtigen Handelszentrum. Zu den bedeutendsten Events gehören die Indianapolis 500, das legendäre Indy-Car-Rennen und die Indiana State Fair, der einstigen Agrarmesse, die sich zu einem riesigen Jahrmarkt entwickelt hat.

Lebendige Geschichte in New York State

Im Transportation Museum von Buffalo, New York, treffen wir den über siebzigjährigen Jim Sandoro, einen begeisterten Sammler historischer Automobile. Über achtzig Luxuskarossen gehören zu seiner Sammlung, darunter ein Duesenberg und der orangefarbene Cord L-29 von 1929, einen der Wagen, die Frank Lloyd Wright fuhr. Der legendäre Architekt, der Begründer der organischen Bauweise, schuf auch die Pläne für eine Tankstelle, die speziell für das Museum nachgebaut wurde und auf eindrucksvolle Weise zeigt, wie zeitlos und modern der Stil des Architekten heute noch ist.

Im nahen Lockport bringt uns ein kleiner Ausflugsdampfer ins 19. Jahrhundert zurück. Im Oktober 1825, als der Erie Canal zwischen dem Hudson River und dem Lake Erie bei Buffalo

Der Starrett Lake liegt in Wisconsin und ist besonders bei Naturliebhabern und Anglern beliebt. Der Campground im Northern Highlands American Legion State Forest geizt in seiner Abgeschiedenheit nicht mit üppiger Natur.

eröffnet wurde, galt die neue Wasserstraße als echte Sensation und verband New York mit dem Landesinneren, ein Meilenstein der amerikanischen Geschichte. Der Ausflugsdampfer folgt den Spuren der historischen Handelsschiffe und durchquert dabei zahlreiche Schleusen. Auf der Buffalo History Cruise, die im Hafen von Buffalo startet, blickt man staunend auf die riesigen Getreidesilos in „Silo City", die an Buffalos wirtschaftliche Bedeutung als größter Getreidehafen der Welt im frühen 20. Jahrhundert erinnern. Weil der Abriss der monumentalen Silos zu teuer gekommen wäre, funktionierte man sie zu Eventhallen um, in denen Konzerte, Messen und Flohmärkte und das „City of Night"-Fest stattfinden.

Gefeiert wird auch an der Waterfront. „Canalside", wie die Einheimischen sagen, trifft man sich zu Konzerten, Märkten und zum „Schlemmer-Dienstag" mit über zwanzig Food Trucks. Zahlreiche Hotels und Restaurants entstanden während der letzten Jahre und halfen dabei, die Waterfront zu einem beliebten Treffpunkt zu machen. Apropos Schlemmen: Buffalo gilt als Mekka für „Foodies", ist berühmt für seine scharfen Chicken Wings und Sponge Candy, mit karamellisiertem Zucker gefüllte Schoko-Pralinen. Architektonisch stechen das Gebäude der Buffalo Savings Bank mit einer vergoldeten Kuppel (Wert: eine halbe Million Dollar) und das Liberty Building hervor. Auf dem Dach erkennt man zwei Statuen, die eine blickt nach Westen, die andere nach Osten, Symbole für die bedeutsame strategische Lage im Staat New York. Ins Rampenlicht zurück geht es über den Interstate 190 nach Norden. Nur ein paar hundert Meilen sind es von New York bis zu den Niagara Falls, einem der größten Naturwunder der Erde.

Seite 22/23:
Der Lake Ontario wird im Norden, Westen und Südwesten von der kanadischen Provinz Ontario eingerahmt. In der Sprache der Huronen bedeutet sein Name „See der leuchtenden Wasser".

Seite 24/25:
Charlevoix liegt zwischen dem Lake Michigan und dem westlichen Ufer des Lake Charlevoix. Die Charlevoix South Pier Light Station markiert die Mündung eines schmalen Kanals, durch den der Lake Charlevoix in den Lake Michigan abfließt.

Attraktiv und bunt – Chicago

Jahrzehntelang als „Nummer 2" von den New Yorkern verspottet, hat sich Chicago längst als feste Größe etabliert. Keine Stadt der USA ist amerikanischer, vielseitiger, ehrlicher und hat neben einer grandiosen Skyline so viel Kultur zu bieten.

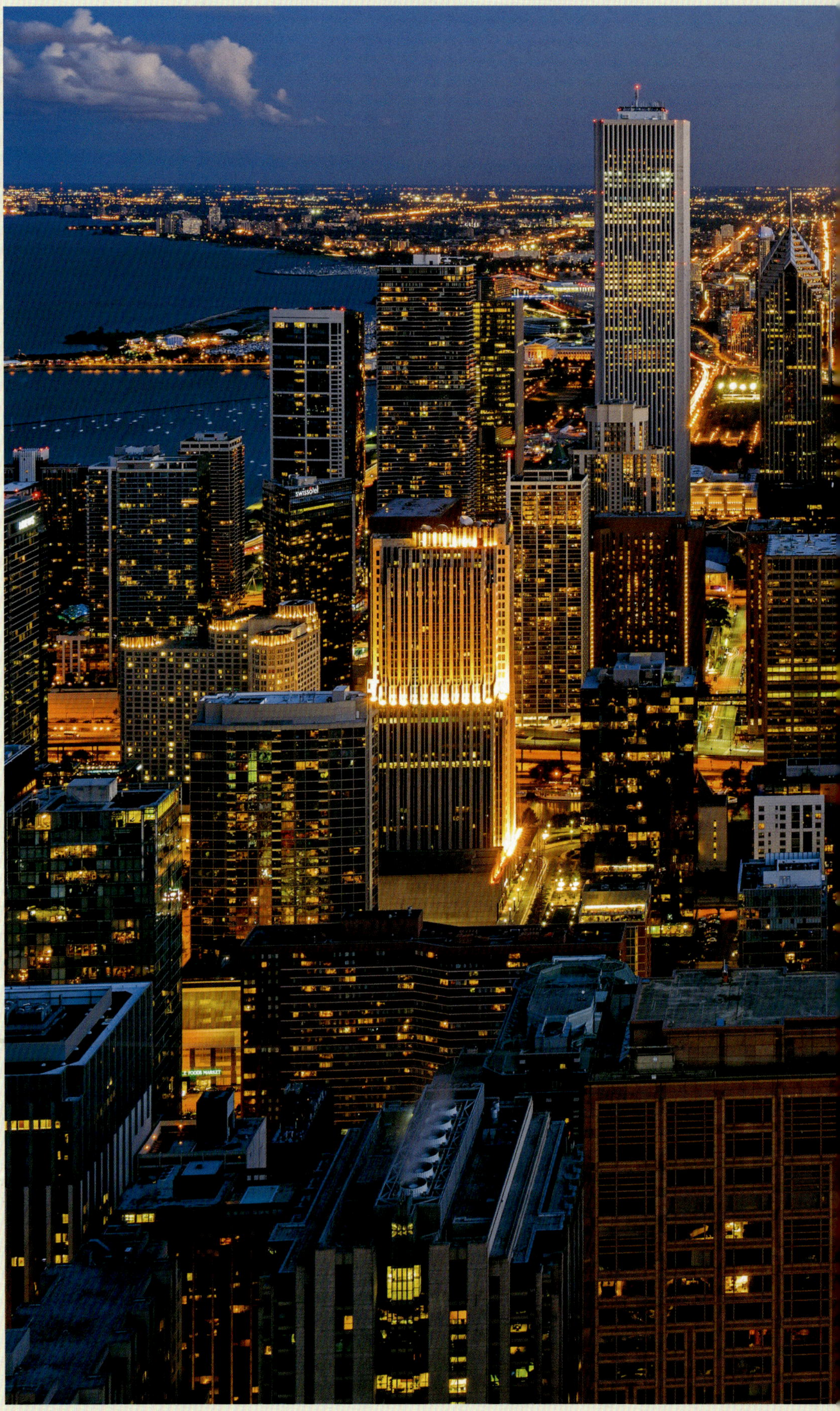

Chicago war schon im 19. Jahrhundert ein wichtiger Verkehrsknotenpunkt und Handelsplatz. Im größten Viehverladebahnhof der Nation wurden Rinder und Schweine aus den Güterzügen geladen und in die nahen Schlachthöfe getrieben. In den „Roaring Twenties" des 20. Jahrhunderts erwarb sich die „Windy City" den zweifelhaften Ruf einer Gangster-Metropole. Doch Al Capone existiert nur noch in der Legende. Das neue Chicago erhebt sich über den verkohlten Trümmern der alten Stadt und ist der beste Beweis für die Unerschrockenheit und den Unternehmungsgeist seiner Bürger. Das Große Feuer vom 9. Oktober 1871 zerstörte die ganze Stadt. Über 200 Menschen verloren ihr Leben, mehr als 90 000 Menschen verloren ihr Heim und ihre ganze Habe. Heute steht nur noch der alte Wasserturm des historischen Chicago. Hinter der Skyline der drittgrößten Stadt der USA pulsiert das Herz der ehrlichen Metropole. Die State Street gilt als größte Fußgängerzone der Welt, lockt mit Kaufhäusern, Boutiquen, Restaurants, Kinos und Theatern. Auf den Bürgersteigen überraschende Farbkleckse, darunter eine fünfzehn Meter hohe Plastik, die Pablo Picasso den Bürgern von Chicago vermachte. Das Museum of Science and Industry beherbergt ein unterirdisches Kohlebergwerk und das fünf Meter hohe Modell eines menschlichen Herzens. Im Field Museum of Natural History wartet der größte Saurier der Welt. Das Art Institute of Chicago ist für seine Sammlungen moderner Kunst bekannt. Der Navy Pier ist ein Vergnügungszentrum mit Riesenrad und Fun Rides. Wie eine dunkle Nadel ragt der Willis Tower aus dem Loop, einem durch die Schienen der Hochbahn gebildeten Ring, der sich über beinahe vierzig Blocks erstreckt.

Oben:
Skyline Chicago – bereits im 19. Jahrhundert war Chicago eine der größten Städte der USA. Die Eisenbahn sorgte für den ersten Aufschwung, machte die „Windy City“ zum größten Viehverladebahnhof der Nation, zum Verkehrsknotenpunkt und blühenden Handelszentrum.

Rechts:
In der Rooftop Bar des Affinia Hotels kann man Chicago von oben bewundern. Die anderen Wolkenkratzer scheinen zum Greifen nahe. Doch so viel Ruhe strahlt die Stadt nur in luftiger Höhe aus, in der Innenstadt kommt sie nur selten zur Ruhe.

Links:
110 Stockwerke, beziehungsweise 430 Meter ragt der Willis Tower in den Himmel. Von 1973 bis 1996 war der ehemalige Sears Tower das höchste Gebäude der Welt. Seine Stabilität verdankt er einer festen Betonplattform und neun 23 Meter dicken Stahlröhren.

Oben:
Eigentlich sollte der Millennium Park zur Jahrtausendwende eingeweiht werden, doch die Bauarbeiten zogen sich länger hin, und die Eröffnung fand erst 2004 statt. Inzwischen gehören der Park und seine Konzertbühne, der Jay Pritzker Pavillon von Frank Gehry, zu den größten Sehenswürdigkeiten von Chicago.

Rechts:
Der Crown Fountain, ein interaktives Video-Kunstwerk, wurde von dem katalanischen Konzeptkünstler Jaume Plensa gestaltet. Aus einem Springbrunnen aus schwarzem Granit ragen zwei Glastürme empor, über Leuchtdioden laufen fantasievolle Videosequenzen.

Links:
Kunst an der Wand: Murals im Neighborhood Logan Square erzählen Geschichten in Bildern.

Unten:
Das Cloud Gate, von den Einheimischen liebevoll „Bean“ genannt, ist das erste öffentliche Kunstwerk des Künstlers Anish Kapoor. Es besteht aus 168 Edelstahlplatten und wiegt hundert Tonnen. Wegen ihrer reflektierenden Verkleidung ist die „Bean“ ein beliebtes Fotoobjekt.

Oben:
Gegenüber vom Millennium Park liegt das Chicago Cultural Center. Es wurde bereits 1897 eröffnet, beherbergte damals die Stadtbücherei und begeistert heute vor allem mit seiner neoklassischen Architektur, zahlreichen Kunstwerken und den gläsernen Rotunden.

Rechts:
O'Hare ist der größte Flughafen von Chicago. Seit 2014 rühmt er sich der meisten Starts und Landungen innerhalb der USA. Von O'Hare führen Flüge zu über zweihundert Zielen in aller Welt. Seit zehn Jahren wird O'Hare in zahlreichen Fachzeitschriften als bester Flughafen der USA geführt.

Oben:
Seit 1921 gehört das Field Museum of Natural History zu den größten und eindrucksvollsten Museen der Welt. Leider kann nur ein Bruchteil der über 20 Millionen Objekte, die sich im Besitz des Museums befinden, in dem klassizistischen Prachtbau gezeigt werden.

Links:
Das weltbekannte Art Institute of Chicago wurde anlässlich der Weltausstellung 1893 errichtet. Auf mehreren Stockwerken findet man Kunstwerke von berühmten Künstlern wie Rembrandt, Renoir und Manet. Auch El Greco ist mit seinem Gemälde „Himmelfahrt Mariens“ vertreten.

Linke Seite:
Im Chicago Temple Building mit seiner an einen gotischen Kirchturm erinnernden Spitze, einem 173 Meter hohen Wolkenkratzer, residiert die First United Methodist Church of Chicago. Seit der Einweihung (1924) ist es das höchste Kirchengebäude der Welt.

Links:
Chicago schläft nicht. Ähnlich wie in New York ist hier ständig etwas los, scheinen manche Menschen rund um die Uhr zu arbeiten. Ständig im Einsatz sind die Fensterputzer an den Fassaden der riesigen Wolkenkratzer im Loop.

Ganz links:
Zu den auffälligsten Skulpturen in der Innenstadt von Chicago gehört die sechzehn Meter hohe Skulptur „Flamingo" des bekannten Bildhauers Alexander Calder. Seit 1974 ragt sie auf der Federal Plaza empor.

Links:
Hinter der Skyline der drittgrößten Stadt der USA pulsiert das Herz der Metropole. Auf den Bürgersteigen überraschende Farbkleckse: darunter eine sechzehn Meter hohe Plastik, die Pablo Picasso den Bürgern von Chicago vermachte.

Oben:
Der Stadtteil „Near North“ nördlich vom Loop ist für seine zahlreichen Restaurants und Shops bekannt. Im Norden wird er von der North Avenue, im Süden und Westen vom Chicago River und im Osten vom Lake Michigan begrenzt. Auch die Prachtmeile Michigan Avenue gehört zum Viertel.

Rechts:
Buddy Guy gehört zu den Legenden des Chicago Blues und hat dort seinen eigenen Club: „Buddy Guy’s Legends“. Auch Legenden wie Muddy Waters, Howlin’ Wolf und Bo Diddley wurden in der Hauptstadt des elektrischen Blues groß.

Ganz links:
Für Chicago braucht man keinen Mietwagen. Hier gelangt man auch mit Bussen und Bahnen ans Ziel. In Stadtteilen wie River North kommen Shopping-Enthusiasten und Feinschmecker auf ihre Kosten.

Links:
Die Chinatown von Chicago liegt im Süden der Stadt. Auf der Wentworth Avenue leben die Nachfahren der vielen Chinesen, die beim Bau der transkontinentalen Eisenbahn hauptsächlich für das Sprengen von Tunneln verpflichtet wurden.

Unten:
Wrigley Field ist die Heimat der Chicago Cubs, einem der bekanntesten Clubs der Major League Baseball. Das Stadion wurde 1914 gebaut. Seinen heutigen Namen bekam es erst, nachdem Kaugummi-König William Wrigley Jr. die Cubs als Besitzer übernahm.

BEER GARDEN
BUD LIGHT
DANGER
NO DOCKING

Links:
Der Navy Pier wurde während des Ersten Weltkriegs gebaut und war im Zweiten Weltkrieg ein Trainingszentrum für Marine-Piloten. Seit 1995 ist es ein Vergnügungszentrum mit Restaurants, Läden und Karussells und die am meisten besuchte Touristenattraktion der Stadt.

Unten:
Der Navy Pier reicht weit in den Lake Michigan hinein. Zahlreiche Ausflugsschiffe starten zu einer Fahrt über den See und passieren den Leuchtturm, der 1893 für die Weltausstellung erbaut und 1919 an seinen jetzigen Standort östlich vom Navy Pier verlegt wurde.

Ganz unten:
Weitere Attraktionen auf dem Pier: eine Eisbahn, ein IMAX-Kino, ein High-tech-McDonald's und die Skyline Stage für Open-Air-Konzerte. Das Riesenrad erinnert an das Original von der Weltausstellung 1893.

Linke Seite:
Der größte Park der Stadt liegt an der Küste des Lake Michigan zwischen North Avenue und Ardmore Avenue. Im Lincoln Park gibt es zahlreiche Strände und den meistbesuchten Zoo der USA.

Das Adler Planetarium wurde von Max Adler gegründet und 1930 eröffnet. Mit einem Zeiss-Projektor zeigte er den Besuchern den nächtlichen Sternenhimmel. Heute zaubern über 150 Projektoren beeindruckende Special-Effects an das künstliche Firmament.

Der Belmont Harbor liegt im Lincoln Park. In der Marina der dort beheimateten Chicago und Belmont Yacht Clubs liegen zahlreiche Jachten in Sichtweite der beeindruckenden Skyline. Nur wenige Schritte entfernt führen Radwege und Joggingpfade vorbei.

Unten:
Zahlreiche Brücken führen über den Chicago River. Bereits im 19. Jahrhundert war Chicago eine der größten Städte der USA. Das Große Feuer am 9. Oktober 1871 setzte einen vorläufigen Schlusspunkt unter die rasante Entwicklung. Doch wenige Jahre später ließ ein Wirtschaftswunder die Stadt neu erblühen. Weltbekannte Architekten bauten die ersten und schönsten Wolkenkratzer.

Rechts:
Im Hintergrund der alten Ziehbrücke am Chicago River ragen die Wolkenkratzer um den Willis Tower empor. Selbst der Schwarze Freitag von 1929 konnte die Stadt nicht aufhalten. Chicago wuchs zu einer eindrucksvollen Metropole heran.

Oben:
Die Franklin Street Bridge über den Chicago River stammt aus dem Jahr 1920 und verbindet die Near North Side mit The Loop.

UBS

Links:
Ein Ring („Loop“) aus Hochbahn-Schienen rahmt die Innenstadt von Chicago ein – am Chicago River im Norden und Westen, an der Michigan Avenue im Osten und der Roosevelt Avenue im Süden. Auf der geschäftigen State Street schlägt das Herz der Stadt.

Unten:
Der Buckingham-Brunnen im Grant Park wurde von Edward H. Bennet entworfen, die Skulpturen stammen von Jacques Lambert und eingeweiht wurde er im Jahre 1927.

Ganz unten:
Weihnachten kann kommen. Auf der eleganten Michigan Avenue findet man einige der teuersten Hotels, Restaurants und Boutiquen und die elegante Water Tower Place Mall. An dieser Einkaufsstraße werden Trends gesetzt.

Seite 48/49:
Der neue gläserne „Balkon“ des Willis Tower macht dem gläsernen Skywalk über dem Grand Canyon Konkurrenz: Hier steht man 412,39 Meter und 103 Stockwerke über der Innenstadt von Chicago.

ALLERTON
HOTEL
TIP-TOP-TAP

CHICAGO WATER WORKS

Linke Seite:
Der Old Water Tower und die dazugehörige Pump Station gehören zu den ältesten Gebäuden der Stadt und haben den Großen Brand von 1871 überstanden.

Ganz links:
Wie zwei gewaltige Maiskolben ragen die beiden Türme des Marina Center am Ufer des Chicago River empor. Als „Stadt in der Stadt“ war Marina City geplant.

Links:
Das Carbide & Carbon Building, einer der bekanntesten Wolkenkratzer der Stadt, wurde von den Burnham Brothers entworfen und 1929 eingeweiht. Das Gebäude gilt als perfektes Beispiel für den damals bevorzugten Art-Déco-Stil.

Ganz links:
Das exklusive Hotel Intercontinental liegt an der prachtvollen Magnificent Mile nördlich des Chicago River und gehört zu den besten (und teuersten) Adressen der Stadt.

Links:
Das Wrigley Building wurde als Hauptsitz der William Wrigley Jr. Company an der malerischen Magnificent Mile erbaut. Die Architekten orientierten sich am Giralda-Turm der Kathedrale von Sevilla. Die Keramik-Verkleidung gibt den beiden Bürotürmen ein strahlend weißes Aussehen.

SALE or LEASE

Linke Seite:
Das Milwaukee Center am Milwaukee River wurde 1988 eröffnet und erreicht eine stolze Höhe von circa 130 Metern.

Das Milwaukee Museum of Art gehört zu den architektonisch interessantesten Museen der USA. Wertvolle Gemälde und Skulpturen, vornehmlich aus dem Amerika und Europa des 19. und 20. Jahrhunderts, gehören zur Sammlung.

Milwaukee ist die größte Stadt des US-Bundesstaats Wisconsin. Gegründet von einem Frankokanadier, prägten vor allem deutsche Siedler die Geschichte und den Charakter der Stadt. Zeitweise gab es sechs deutschsprachige Zeitungen.

Oben:
Auf dem Holy Hill nahe Hartford, Wisconsin, ragt die „Basilica of the National Shrine of Mary Help of Christians“ empor. Die Kapelle ist eine beliebte Wallfahrtskirche. Vom historischen Turm hat man eine eindrucksvolle Aussicht auf das ländliche Wisconsin.

Rechts:
Südwestlich von Baraboo liegt der Natural Bridge State Park. Der Indian Mocassin Nature Trail, ein alter Indianerpfad führt zur größten natürlichen Steinbrücke von Wisconsin und einem Unterschlupf prähistorischer Indianer.

Links:
Vor allem Reiter, aber auch Wanderer und Kajakfahrer kommen im Governor Dodge State Park von Wisconsin auf ihre Kosten. Zahlreiche Tiere, darunter Rotwild, wilde Truthähne, Füchse und Biber bekommt man zu Gesicht.

Unten:
Im Oneida Nation Museum bei Green Bay lernt man die Lebensweise der Irokesen kennen. Sie lebten in stabilen Langhäusern innerhalb befestigter Dörfer, bauten Mais, Bohnen und Kürbisse an und gingen auf die Jagd.

Oben:
Nördlich von Milwaukee liegt das ländlich geprägte Door County mit verträumten Dörfern, die an New England erinnern. Der nostalgische Village Store liegt in Ephraim, einem verschlafenen Nest mit knapp dreihundert Einwohnern.

Rechts:
Mit knapp zweihundert Einwohnern muss Egg Harbor an der Küste auskommen. Bekannt ist die Siedlung wegen ihrer romantischen Lage am Michigansee. Die Farmer verkaufen Äpfel und Kirschen an Besucher.

Oben:
Woodruff in Wisconsin ist nicht nur wegen seiner malerischen Häuser bekannt. In dem Städtchen ist der größte Penny der Welt ausgestellt. Er besteht aus Beton, wiegt über 8000 Kilo und erinnert an eine Sammlung zugunsten eines Krankenhauses.

Links:
Superior und das benachbarte Duluth verfügen über den bedeutendsten Hafen am Lake Superior. Im 18. Jahrhundert war die Stadt ein bedeutender Umschlagplatz für Pelzhändler, die in ihren Trading Posts mit den Anishinabe-Indianern tauschten.

Oben:
Wiese nahe der Chequamegon Bay des Lake Superior bei Ashland in Wisconsin. Die Bucht ist für ihre anmutige Natur und ihren Vogelreichtum berühmt. Über dreihundert Vogelarten wurden gezählt.

Rechts:
Ashland liegt an der Küste des Lake Superior. Die ersten europäischen Siedler profitierten vom Holzreichtum der umliegenden Wälder und ließen die dort ansässigen Ojibway-Indianer als Pelztierjäger für sich arbeiten.

Ganz rechts:
Knapp neuntausend Menschen leben in der heute eher verträumten Stadt, die in der Vergangenheit vor allem als bedeutender Handelsplatz von sich reden machte.

Links:
Mit maritimer Atmosphäre und einer malerischen Altstadt fasziniert Duluth. Die größte Attraktion der Stadt ist der Hafen mit seiner riesigen Hebebrücke, die sich für jeden der gewaltigen Frachter in die Höhe schraubt.

Unten:
Auch in Ashland liegen die weißen Jachten im Hafen dicht an dicht. Der Lake Superior entstand vor ungefähr zehntausend Jahren, als die Erwärmung nach der letzten Eiszeit die Gletscher schmelzen ließ.

Oben:
Insel im Knife Lake nahe Mora. In Minnesota sind sie stolz auf ihre Seen. „Land der zehntausend Seen“ steht auf den Nummernschildern des Staates.

Rechts:
Im Itasca State Park von Minnesota entspringt der Mississippi, der einem hier nicht mal bis zu den Knien reicht. Bei New Orleans mündet er nach 3778 Kilometern in den Golf von Mexiko.

Links:
Auf seiner langen Reise fließt der Mississippi River durch acht Bundesstaaten: Minnesota, Illinois, Missouri, Kentucky, Arkansas, Tennessee, Mississippi und Louisiana. In Minnesota durchfließt er zahlreiche Seen, darunter den Lake Winnibigoshish.

Rechts:
Ein Verwaltungsgebäudes im Upper Sioux Agency State Park erinnert an die Upper Sioux oder Yellow Medicine Agency der Dakota-Indianer, die während eines großen Indianer-Aufstandes (1862) unter Chief Little Crow zerstört wurde.

Unten:
Am Zusammenfluss von Mississippi und Minnesota River, dem einstigen Standort des historischen Fort Snelling, haben indianische Pow-wow-Tänzer ihre Tipis errichtet. Nach ihrer Unterwerfung wurden hier über 1600 Dakotas gefangen gehalten. Über dreihundert Indianer starben während des strengen Winters.

Seite 70/71:
Als größere der beiden „Twin Cities“ (Minneapolis/St. Paul) bildet Minneapolis das wirtschaftliche Zentrum von Minnesota. Mit vierzig Seen im Stadtgebiet wird Minnesota auch innerhalb der Stadtgrenzen seinem Ruf als „Land der 10 000 Seen“ gerecht.

Links:
In Ogilvie glaubt man sich in die 1960er-Jahre zurückversetzt. Was in Minneapolis oder St. Paul als „Classic Car“ bewundert wird, ist in der 300-Seelen-Gemeinde noch im täglichen Einsatz. Einsame Farmen säumen die abgelegenen Highways.

Unten:
Durch eine tiefe Schlucht mit dunklen Basaltfelsen fließt der St. Croix River in dem Interstate State Park an der Grenze zwischen Minnesota und Wisconsin. Die Schaufelraddampfer fahren bis dicht an die zerklüfteten Felsen heran.

FOSHAY
5th Ave S
11th St
E Grant St
WEST
94
EXIT
35

HYATT PLACE
NORTH
35W
EAST
94
55
NORTH
35W
16
.7

Rechte Seite oben:
Über dem Kabetogama Lake zieht ein neuer Tag herauf. Der Voyageurs National Park an der kanadischen Grenze besteht hauptsächlich aus Wasser und gilt als Paradies für Kajakfahrer, Kanuten, Hausboot-Urlauber und Angler.

Moderne Kunst in Minneapolis: Vor dem Walker Art Center bildet ein riesiger Löffel mit Kirsche den Spoonbridge & Cherry Fountain.

Die Mall of America in Minneapolis ist das größte überdachte Einkaufszentrum der USA. Seit 1992 besuchen sie jährlich über vierzig Millionen Besucher. Über zehntausend Menschen arbeiten für die Betreiber und Geschäfte der Mall.

Rechte Seite unten:
Seinen Namen verdankt der Voyageurs National Park den gleichnamigen frankokanadischen Pelztierjägern, die als erste Europäer durch das Gebiet des späteren Naturschutzgebiets fuhren und Handel mit den dort ansässigen Indianern trieben.

Links:
Weite Gebiete des Voyageurs National Park, darunter auch die Kabetogama Peninsula, sind nur mit dem Boot erreichbar. In der Umgebung des Parks gibt es zahlreiche Campgrounds.

Links unten:
Im Herzen des nordamerikanischen Kontinents verzaubert der Voyageurs National Park mit üppiger Natur. Berühmt ist das Hinterland für seine sternenklaren Nächte. Im Winter kann man das Nordlicht bewundern.

Unten:
Die Boundary Waters, ein riesiges Gebiet mit verzweigten Seen und Flüssen, erstrecken sich bis zur kanadischen Grenze und bieten abseits der Großen Seen noch unverfälschte Natur.

Rechts oben:
Im äußersten Nordosten von Minnesota liegt der Cascade River State Park mit zahlreichen Wasserfällen an beiden Flussufern. Am schönsten ist der Park im Herbst, wenn sich die Blätter verfärben.

Rechts unten:
Der Gooseberry Falls State Park an der North Shore von Minnesota lockt mit zahlreichen Wasserfällen, die auch für ungeübte Wanderer bequem zu erreichen sind. Bereits 1670 tauchte die Gegend auf den Karten der Entdecker auf. Seit 1937 steht sie unter dem Schutz der Regierung.

Linke Seite:
Seit 1909 ragt das Split Rock Lighthouse weithin sichtbar von einem Felsen empor. Noch immer tönt das Nebelhorn über den Lake Superior nördlich von Duluth und warnt die Seefahrer vor Gefahren.

Über den Highway 61, der an der North Shore des Lake Superior entlangführt, erreicht man die kleine Stadt Grand Marais. Die maritime Atmosphäre mit dem stimmungsvollen Leuchtturm zieht zahlreiche Künstler in die abgelegene Stadt.

Die Innenstadt von Grand Marais ist für ihre kleinen Läden und Kunstgalerien bekannt. In der Umgebung lockt ein ausgedehntes Netz von Wanderwegen und der Gunflint Trail Scenic Byway, die historische Verbindungsstraße zwischen Grand Marais und den Boundary Waters.

Oben:
In der Sprache der Ojibway- oder Anishinabe-Indianer heißt der Lake Superior auch „Gichi-gami", was so viel wie „Großes Wasser" bedeutet. Bei den Franzosen hieß er „le lac Superior". Die Engländer übersetzten den Begriff in ihre Sprache.

Rechts:
Das Grand Portage National Monument ist die Nachbildung eines Handelsforts, in dem europäische Pelzhändler mit indianischen Jägern lukrative Geschäfte aushandelten. Über die „Grand Portage" mussten sie ihre Kanus tragen, um nicht in Stromschnellen und Wasserfälle zu geraten.

Ganz links:
Im Heritage Center des Forts kann man sich mit der Kultur der Ojibway- oder Anishinabe-Indianer vertraut machen. Sie lebten in Wigwams aus Ästen und Zweigen, die mit Fellen oder später auch eingehandelten Zeltplanen und Decken bedeckt wurden.

Links:
Kanus aus Birkenrinde waren perfekte Fortbewegungsmittel in dem an Flüssen und Seen so reichen amerikanischen Norden. Sie waren leicht und schnell und wesentlich stabiler als die Boote der weißen Siedler. Auch die ersten europäischen Fallensteller bauten solche Boote.

Nicht nur Autostadt und üppige Natur – Michigan

Die Sleeping Bear Dunes an der Westküste von Michigan wurden im Laufe mehrerer tausend Jahre von Gletschern geschaffen. Am Ufer des Lake Michigan bilden sie ein natürliches Freizeitparadies.

Michigan zerfällt in zwei Halbinseln – die Lower Peninsula mit ihren romantischen Küstengebieten und dem kommerziellen Zentrum Detroit und die Upper Peninsula mit üppiger Natur. Mackinac Island erhebt sich wie ein Juwel aus dem Lake Huron, jenseits der eindrucksvollen Hängebrücke, die das untere mit dem oberen Michigan verbindet. Nur mit dem Buschflieger oder dem Kanu erreicht man die Natur im abgelegenen Isle Royale National Park.

Um seinen guten Ruf kämpft Detroit, das während der Wirtschaftskrise verwahrloste und versucht, an die goldenen Tage des Auto-Booms anzuknüpfen. Die erlebt man nur noch im Henry Ford Museum im nahen Dearborn, original mit chromblitzenden Straßenkreuzern, Drive-Ins und Hot-Dog-Ständen. Die Oldtimer bieten einen guten Einblick in die Geschichte des Konzerns und belegen die extreme Modellbreite von Ford im letzten Jahrhundert.

Ann Arbor, der Heimatort der University of Michigan, bildet den liberalen Gegenpol zum konservativen Detroit. Im Sommer stehen zahlreiche kulturelle Festivals auf dem Programm der kleinen Stadt. Zur Universität gehören das Kelsey Museum of Archaeology mit Artefakten aus dem antiken Rom und Griechenland und das University of Michigan Museum of Art.

Zu den interessantesten Wildnis-Gebieten der „Upper Peninsula" gehört der Porcupine Mountains Wilderness State Park. Sault Sainte Marie, eine kleine Hafenstadt, ist Michigans älteste Gemeinde. Mehr als elftausend Schiffe mit über neunzig Millionen Tonnen Fracht fahren jährlich durch die Schleusen. Vor den Augen zahlreicher Schaulustiger schweben die Frachter vom Lake Michigan zum Lake Superior empor. Am Seeufer erstreckt sich die Pictured Rocks National Lakeshore mit einsamen Stränden und wilder Küste.

Linke Seite:
Bunte Sandsteinfelsen, seltsame Felsformationen wie der Chapel Rock, Sanddünen und Wasserfälle gehören zu den Attraktionen der Pictured Rocks National Lakeshore.

Als „Five-Star-Wilderness" bezeichnet sich die Upper Peninsula, die nördliche Halbinsel des zweigeteilten Bundesstaates Michigan, und übertreibt damit kein bisschen. Mit ausgedehnten Wäldern und Seen erinnert das Land an Kanada.

Die Upper Falls des Tahquamenon River gehören zu den größten Wasserfällen östlich des Mississippi. Über 180 000 Liter Wasser stürzen jede Sekunde über die fünfzehn Meter hohen Felsen. Im Hinterland des Naturschutzgebiets spürt man die Zivilisation kaum noch.

Seite 88/89:
Das St. Helena Island Light auf der winzigen Insel gehörte zu einer ganzen Reihe von Leuchttürmen, die den Schiffsverkehr in der gefährlichen Straße von Mackinac sicherten. Der Leuchtturm wurde 1873 eingeweiht und ist immer noch in Betrieb.

Unten:
Inmitten der ausgedehnten Wälder der Porcupine Mountains glänzt der Lake of the Clouds wie kostbares Juwel.

Rechts oben:
Mit seiner hölzernen Statue Nee-Gaw-Nee-Gaw-Bow („Anführer") ehrt der Künstler Peter Wolf Toth die Ojibway- oder Anishinabe-Indianer. Die Statue steht vor dem Besucherzentrum der kleinen Stadt Wakefield in Michigan.

Rechts Mitte:
Rot ist das Lighthouse des Städtchens Marquette am Lake Superior. Der Name der Siedlung stammt vermutlich von dem Jesuiten Jacques Marquette, der die Gegend im 17. Jahrhundert erkundete.

Rechts unten:
Nach einem Geistwesen aus der Mythologie der Ojibway-Indianer sind die Manabezho Falls im Porcupine Mountains Wilderness State Park benannt. Ein Trail führt zum Ufer des Presque Isle River und den sieben Meter hohen Wasserfällen.

Oben:
Die acht Kilometer lange Mackinac Bridge, von den Einheimischen liebevoll „Big Mac“ genannt, überspannt die Straße von Mackinac zwischen dem Lake Michigan und dem Lake Huron.

Rechts:
Mehr als elftausend Schiffe fahren jährlich durch die Schleusen bei Sault Sainte Marie. Vor den Augen zahlreicher Schaulustiger schweben die mächtigen Frachter vom Lake Michigan zum Lake Superior empor.

Oben:
Blick vom Fort Mackinac auf die Straße von Mackinac. Die Festung aus dem späten 18. Jahrhundert sicherte den Übergang zwischen dem Michigansee und Huronsee.

Links:
Mackinac City liegt am südlichen Ende der Hängebrücke und ist Ausgangspunkt für Fahrten zur benachbarten Mackinac Island.

Links:
Das Leben an der Grenze war beschwerlich, besonders für die Frauen. In Colonial Michilimackinac, einer vorbildlichen Museumsstadt, leben Laiendarsteller wie im 18. Jahrhundert und berichten über ihre Arbeit. Die Häuser sind wie zur Zeit der Indianerkriege eingerichtet.

Unten und ganz unten:
Im nachgebauten Fort Michilimackinac erinnern kostümierte „Soldaten“ an den Krieg zwischen Indianern und Engländern. Am 2. Juni 1763 wurde der Stützpunkt von Häuptling Pontiac und seiner indianischen Streitmacht eingenommen. Während eines Ballspiels schlichen sich die Krieger ins Fort.

Unten:
Petoskey liegt an der Little Traverse Bay des Lake Michigan und ist eines der beliebtesten Urlaubsziele in Michigan. Im historischen Gaslight District glaubt man sich in die Vergangenheit versetzt, im Waterfront Park genießt man das maritime Leben am Lake Michigan.

Rechts oben:
Clock Tower in Traverse City. Die Stadt hat sich zu einer attraktiven Urlaubsmetropole entwickelt. Vor allem die perfekte Lage am Ufer des Lake Michigan

garantiert ein ungetrübtes Urlaubsvergnügen. Meilenweit erstreckt sich der blütenweiße Sandstrand an der halbmondförmigen Bucht.

Rechts unten: *Ernest Hemingway ließ mehrere seiner bekannten Nick Adams Storys in Petoskey spielen, die meisten Besucher kommen jedoch wegen der malerischen Lage am Lake Michigan. Der Name der Stadt, ein Indianerwort, bedeutet: „Wo das Licht durch die Wolken scheint."*

Oben:
Die Sleeping Bear Dunes an der östlichen Küste des Lake Michigan überraschen mit einer Vielzahl von hohen Sanddünen. Über 35 Meilen lang ist der Küstenstreifen in der nördlichen Hälfte der Lower Peninsula.

Rechts:
Im stetigen Wind an der rauen Küste des Lake Michigan verändern sich die weißen Sanddünen der Sleeping Bear Dunes National Lakeshore ständig. Oft mit einem Meer verwechselt wurde der riesige See von den ersten Entdeckern.

Links:
Ein hölzerner Boardwalk führt an den Sanddünen der Sleeping Bear Dunes National Lakeshore in Michigan entlang. Von Aussichtspunkten blickt man über die Dünen auf den scheinbar endlosen Lake Michigan hinaus.

Links:
Wer die über zweihundert Leuchttürme an der Küste der Großen Seen sehen will, fährt immer an der Küste entlang. Hier das Lighthouse von Holland am Lake Michigan vor dem malerischen Sonnenuntergang.

Unten:
Die Scheinwerfer von Frankfort North Breakwater Light zeigen den vorbeifahrenden Schiffen auf dem Michigansee noch immer die Richtung an.

Ganz unten:
Für die liebevolle Restaurierung zahlreicher Leuchttürme in Michigan, hier der von Grand Haven, zeichnen die „Friends of the Lighthouse" verantwortlich, eine Gruppe von Freiwilligen, die sich für den Erhalt der maritimen Vergangenheit einsetzt.

Rechts:
Am Lake Michigan und am Grand River zieht sich der Sandstrand des Grand Haven State Park entlang. Die Grand Haven Pier Lights erheben sich auf einem langen Pier.

Unten:
Vor allem die zahlreichen Kunstgalerien, aber auch die romantische Lage, die Marinas, Souvenirshops, Restaurants und die gelöste Atmosphäre locken Urlauber nach Saugatuck, Michigan. Der Raddampfer „Star of Saugatuck“ fährt täglich über den Kalamazoo River.

Oben:
Frankenmuth, eine Siedlung deutscher Protestanten, präsentiert sich im bayerisch-alpinen Look. Farbenprächtig wie in Garmisch ragt der Bavarian Inn empor. In den Souvenirläden gibt es Bierkrüge und Hummel-Figuren.

Links:
Zwischen dem Hamlin Lake und dem Lake Michigan bietet der Ludington State Park eine vielfältige Natur mit zerfurchten Küsten und weiten Sandstränden, Wäldern, Sumpfgebieten und Teichen.

DETROIT – COMEBACK EINER METROPOLE

Totgesagte leben länger. Detroit (Michigan), im letzten Jahrhundert noch eine der führenden Industriestädte der USA und vor wenigen Monaten noch abgeschrieben und bankrott, erhebt sich wie Phönix aus der Asche und schickt sich an, seine touristische und kulturelle Stellung zurückzuerobern. Mehrere der verfallenen Häuser wurden bereits restauriert oder abgerissen, in den Theatern an der Woodward Avenue feiern Broadway-Musicals rauschende Erfolge, in Greektown boomen Restaurants und Casinos, und überall in der Stadt ist neuer Optimismus und dieses Jetzt-erst-recht-Gefühl spürbar, das diese Stadt schon seit ihrer Gründung vorantreibt.

Motor City

Detroit wurde 1701 von Franzosen gegründet und profitierte jahrelang vom lukrativen Pelzhandel. Während des French-and-Indian-War fiel es 1760 an die Engländer. Nach dem Unabhängigkeitskrieg wurde die Stadt amerikanisch. Im späten 19. Jahrhundert erlebte sie ihre zweite Blütezeit als „Paris des Westens", bevor 1896 ein gewisser Henry Ford sein erstes Automobil in einer Werkstatt in Detroit zusammenbaute. 1903 gründete er die Ford Motor Company. Die Firmengründung markierte den Beginn eines unaufhaltsamen Aufschwungs, der Detroit zur „Automobile Capital of the World", zur „Motor City" und zu einem der großen industriellen Zentren im Gebiet der Großen Seen machte. Seine Erfindung des Fließbands revolutionierte die Arbeit in den Fabriken und ebnete den Weg für andere Automobil-Hersteller wie die Gebrüder Dodge, Packard und Walter Chrysler.

Auch wenn das ungebremste Unternehmertum der Gründerzeit vor einigen Jahren unsanft gestoppt wurde, ist es in Detroit noch immer spürbar und hilft der Stadt, sich aus ihrer Zwangslage zu befreien. Detroit war am Boden, aber nicht k.o., und ist auf dem besten Weg, zum alten Glanz zurückzufinden. Motor City feiert ihr Comeback und erobert sich ihren Platz in der ersten Liga der US-Städte zurück.

Prunkstück Riverfront

Das Prunkstück des neuen Detroit bildet die Riverfront. Die Uferlandschaft erstreckt sich von der Ambassador Bridge über fünfeinhalb Meilen bis nach Belle Isle und überrascht mit einer üppigen Natur, vor allem farbenprächtigen Blumen und zahlreichen Spazierwegen. Zur Riverfront gehören auch der Hafen für Kreuzfahrtschiffe, zahlreiche Restaurants und Läden sowie der Riverwalk, die eigentliche Promenade am Ufer des Detroit River. Er hat zwei getrennte Bahnen für Fußgänger und Jogger auf der einen und Radfahrer und Inline-Skater auf der anderen Seite.

Das GM Renaissance Center, von Einheimischen liebevoll „RenCen" abgekürzt, vereint die Zentrale des General-Motors-Konzerns und das 73 Stockwerke hohe Marriott Hotel mit vier anderen zylinderförmigen Wolkenkratzern, die dicht gedrängt am Ufer des Detroit River emporragen. Das höchste Gebäude ist 221 Meter hoch. Der Komplex wurde 1977 fertiggestellt und ist aus der Skyline nicht mehr wegzudenken, wird aber auch als „Trutzburg der Reichen gegen die Armen" kritisiert. Im Zentrum von Detroit erinnern einige Gebäude an das „Gilded Age" im späten 19. und an das frühe 20. Jahrhundert. Neben dem Wayne Court Building, dem Cadillac Place und dem Fisher Building sticht besonders das Guardian Building hervor. Im Jugendstil der 1920er-Jahre erbaut und 1929 fertiggestellt, überzeugt es vor allem mit seiner riesigen Eingangshalle und den dort ausgestellten Kunstwerken. Das Fox Theatre aus den späten 1920er-Jahren war das erste Lichtspieltheater der USA, das mit einer Sound-Anlage für Tonfilme ausgestattet wurde. Nach einer aufwändigen Restaurierung erstrahlt es wieder im alten Glanz und wird vor allem für Konzerte genutzt. Seit 1985 steht es unter Denkmalschutz.

Lebendige Vergangenheit

In Detroit Historical Museum wird die Vergangenheit von Detroit lebendig. Ganze Straßenzüge zeigen das Alltagsleben vergangener Zeiten, die ständige Ausstellung „America's Motor City mit Oldtimern aus mehreren Jahrzehnten heben die Bedeutung der Stadt als Industriemetropole hervor. Die Kunstwerke im überraschend vielseitigen Detroit Institute of Arts stammen aus mehreren Epochen des besiedelten Amerika und aus aller Welt. Das Erdgeschoss ist kulturellen Kunstwerken aus ägyptischen, asiatischen und anderen Hochkulturen gewidmet, im ersten Stock sind bekannte Künstler wie Picasso, van Gogh und Lichtenstein vertreten.

Links: Auf die Big-Boy-Restaurantkette verweist diese Hinweisskulptur in Detroit. Die Kette wurde 1936 im Raum Detroit gegründet.

Oben: Das Renaissance Center vereint die Zentrale des General-Motors-Konzerns und das 73 Stockwerke hohe Marriott Hotel mit vier anderen zylinderförmigen Wolkenkratzern, die dicht gedrängt am Ufer des Detroit River emporragen.

Rechts oben:
Noch lässt das Stadtbild zu wünschen übrig, aber vielerorts ist bereits neuer Optimismus und dieses Jetzt-erst-recht-Gefühl spürbar, das diese Stadt schon seit ihrer Gründung vorantreibt.

Rechts Mitte:
Im „RenCen" hat die Zukunft schon begonnen. Der Komplex wurde 1977 fertiggestellt und ist aus der Skyline nicht mehr wegzudenken.

Rechts:
Im Henry Ford Museum vor der Stadt, original mit chromblitzenden Straßenkreuzern, Driveins und Hot-Dog-Ständen, ist die Welt noch in Ordnung.

Unten:
Ann Arbor, Michigan, wurde 1824 von Spekulanten gegründet. Sie verließen sich auf die Zuwanderung, die das Gebiet der Großen Seen nach der Inbetriebnahme des Erie Canal erleben würde. Zu Beginn des 20. Jahrhunderts bestand ein Drittel der Bevölkerung aus eingewanderten Deutschen.

Ganz unten:
Ann Arbor gilt als besonders liberale Stadt, nicht nur wegen der dort ansässigen University of Michigan. In den 1970er-Jahren unterstützte man John Lennon und Yoko Ono in ihrem Kampf gegen das Establishment. Schon vor dem Bürgerkrieg sprachen sich die Bürger gegen die Sklavenhaltung aus.

Rechts:
Die Skyline von Detroit. Das Prunkstück der Innenstadt bildet die Riverfront. Die Uferlandschaft erstreckt sich von der Ambasador Bridge über 5,5 Meilen bis nach Belle Isle und überrascht mit einer üppigen Natur, vor allem farbenprächtigen Blumen und zahlreichen Spazierwegen.

Kulturzentren, romantische Farmen und Dörfer – Ohio und Indiana

Olcott Beach lebte lange Zeit von den Besuchern der Niagara Falls, die sich in dem romantisch gelegenen Ort vom Trubel bei den Fällen erholten und den Leuchtturm und die Marina besuchten. Die Wirtschaftskrise sorgte für einen empfindlichen Einbruch, von dem sich der Ort nur allmählich erholt.

Nur ein schmaler Küstenstreifen im Norden von Indiana stößt an den Lake Michigan. Weil sich in Indianapolis, der Hauptstadt des Staates, mehrere Highways und Eisenbahnlinien kreuzen, wird die Stadt auch „Crossroads of America" genannt. Vor allem privaten Spenden sind die zahlreichen kulturellen Einrichtungen und Parks in der Innenstadt zu verdanken. Wie Washington, D.C. wurde auch Indianapolis auf dem Reißbrett entworfen, ein Netz von Straßen geht von dem zentralen Monument Circle aus. Zu den Highlights der Stadt gehört der Indianapolis Motor Speedway, auf dem am Memorial Day die „Indianapolis 500" stattfinden, eines der größten Autorennen der Welt. Im Südosten bildet der Ohio River die Grenze zum gleichnamigen Staat. An seinem Ufer haben zahlreiche romantische Dörfer wie Aurora überlebt.
Auch Ohio bezaubert abseits der Interstates mit idyllischen Farmen und versteckten Dörfern, die bedeutenden Industrien liegen jedoch in den beiden großen Städten. „Cincinnati ist die Königin des Westens", schwärmte Mark Twain. Am Sawyer Point erzählt eine Skulptur von der Geschichte der Stadt, die während des goldenen Zeitalters der Schaufelraddampfer ein bedeutendes Zentrum war. Damals wurden Baumwolle und Tabak verladen. Der Fluss ist ein lebendiger Bestandteil dieser Stadt, inzwischen ist sie auch für ihr Künstlerviertel Mount Adams bekannt. Cleveland verdankte seinen Fortschritt bis nach dem Zweiten Weltkrieg den Stahlwerken und erfand sich als Entertainment- und Kultur-Metropole neu. The Flats heißt der Entertainment-Distrikt, der in den ehemaligen Lagerhallen am Fluss errichtet wurde. Im Terminal Tower sind ein Bahnhof, ein Hotel und Büros untergebracht. Seit 1995 gehört die „Rock and Roll Hall of Fame", die „Ruhmeshalle des Rock 'n' Roll, zu den Highlights der Stadt. Im Great Lakes Science Center erfährt man viel Wissenswertes über das empfindliche Ökosystem der Great Lakes.

Unten:
Cleveland liegt an der Südküste des Lake Erie im Bundesstaat Ohio. Die Stadt entstand auf dem Reißbrett, erlebte ihren ersten Aufschwung durch die Öffnung des Erie Canal und wuchs zu einem bedeutenden Wirtschafts-zentrum und Verkehrs-knotenpunkt heran.

Rechts oben:
Die Rock and Roll Hall of Fame gehört zu den heraus ragenden Attraktionen von Cleveland. Entworfen wurde das 1995 eröffnete Museum von Ieoh Ming Pei.

Rechts Mitte:
Als Standort der Rock and Roll Hall of Fame setzte sich Cleveland gegen Mitbewerber wie Memphis, Detroit und New York City durch. Das verdankte die Stadt dem Discjockey Alan Freed, der beim örtlichen Sender WJW zum ersten Mal den Begriff „Rock 'n' Roll“ benutzte.

Rechts unten:
Zu den populärsten Exponaten der Rock and Roll Hall of Fame gehören die Memorabilia von Elvis, den Beatles, Rolling Stones, Bruce Springsteen und den Supremes.

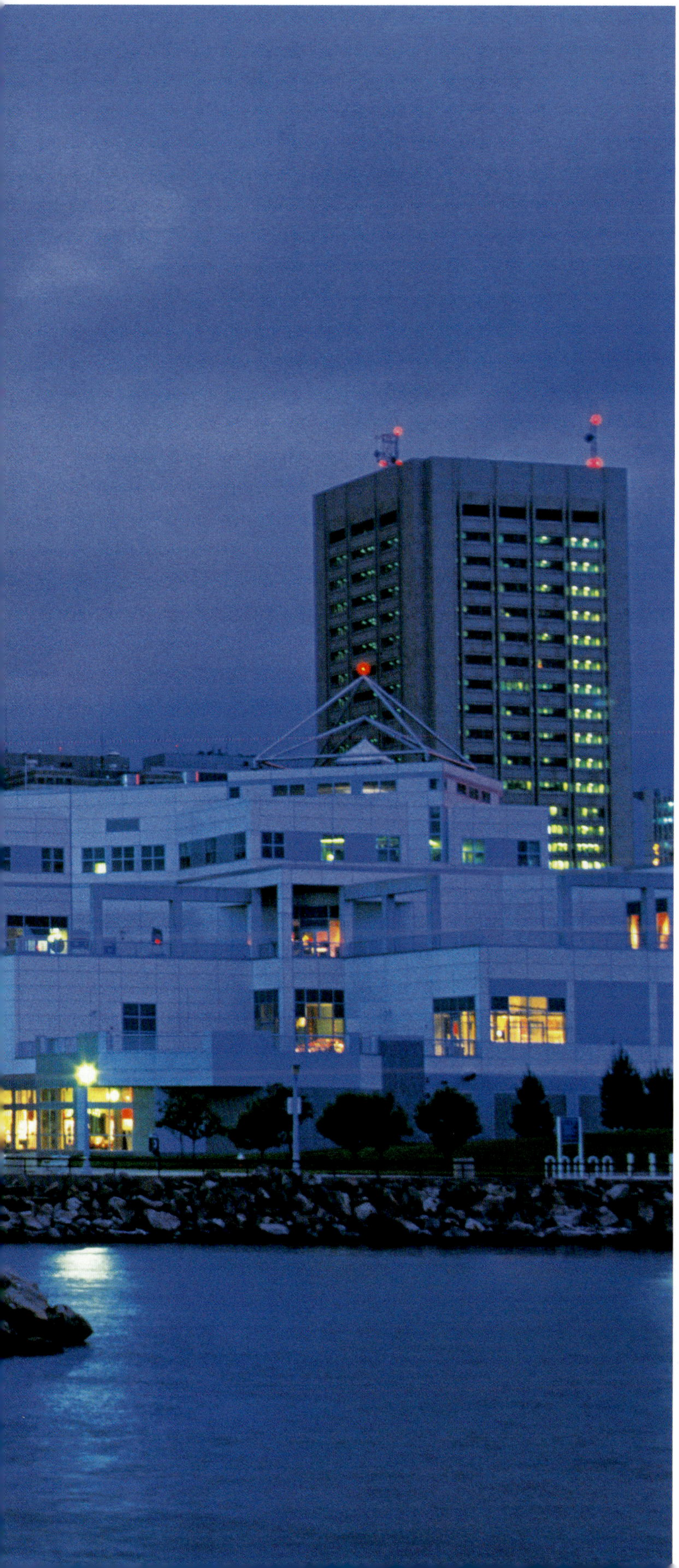

Oben:
Der Cuyahoga Valley National Park, ein ländlich geprägtes Gebiet am Cuyahoga River, wurde im Jahr 2000 zum ersten Nationalpark von Ohio erklärt. Zahlreiche Wanderwege führen durch den lichten Wald und zu zahlreichen Wasserfällen wie den Great Falls.

Rechts:
Am beliebtesten bei den meisten Wanderern im Cuyahoga Valley National Park ist der Ohio & Erie Canal Towpath Trail. Der zwanzig Meilen lange Wanderweg folgt dem ehemaligen Ohio & Erie Canal durch Sumpflandschaften und hügeliges Farnland.

Links:
Boston Mills, ein unverfälschtes Museumsdorf, erinnert an die bewegten Jahre, in denen tausende Siedler über den Kanal nach Westen zogen, und den Beginn des industriellen Zeitalters, das auch in Ohio für einen ungeahnten Aufschwung sorgte.

Unten:
Ein hölzerner Plankenweg führt zum Brandyvine Creek, einem Nebenfluss des Cuyahoga River. Im Herbst erstrahlen die Laubbäume am Ufer in allen Braun- und Rottönen. Unweit der Straße stürzen die Brandyvine Falls, ein sehenswerter Wasserfall, über Felsen.

Oben:
Brücke über den Ohio River bei Cincinnati. Die Stadt wurde 1788 gegründet. Ihren Namen verdankt sie dem römischen Militärführer Lucius Quinctius Cincinnatus. Nach der Revolution (1848) ließen sich zahlreiche deutsche Siedler in Cincinnati und Umgebung nieder.

Rechts:
Over the Rhine, vor einigen Jahren noch ein Problemviertel Cincinnatis mit hoher Verbrechensrate, entwickelte sich in den letzten Jahren zu einem hippen Szeneviertel. Ganze Häuserblocks aus dem 19. Jahrhundert blieben erhalten und spiegeln die Architektur der damaligen Zeit wider.

Links:
Seinen Namen bekam „OTR“ von deutschen Einwanderern. Als „Rhine“ war allerdings der Miami and Erie Canal gemeint, der das deutsche Viertel vom Rest Cincinnatis trennte. Heutige Besucher zieht es vor allem in die Galerien und Theater.

Links:
Die Niagara Falls gehören zu den größten Wundern der Erde. An der Grenze zwischen Kanada und den USA bieten sie ein unvergleichliches Naturschauspiel. In den USA zieht es vor allem Hochzeitsreisende zu den spektakulären Fällen.

Unten:
Auch in Plastikkleidung ist man nicht vollkommen gegen das Sprühwasser der gewaltigen Wasserfälle geschützt.

Ganz unten:
Besonders schön sind die Regenbogen, die sich im Sprühwasser bilden. Ihre Entstehung haben die Niagara Falls dem Ende der letzten Eiszeit zu verdanken.

Weltberühmtes Naturschauspiel: Niagara Falls

Als eines der größten Naturschauspiele der Welt ziehen die Niagara Falls an der Grenze zwischen den USA und Kanada jährlich über zwölf Millionen Besucher an. Besonders beliebt sind die Fälle bei Hochzeitsreisenden, nicht erst seit dem Thriller „Niagara", der Marylin Monroe zum Star machte und der Welt zeigte, wie dicht man auf einer Wanderung durch die „Cave of the Winds" an die Wassermassen herankommt. Im (angeblich) wasserdichten Regenponcho steigen die Besucher über Holztreppen bis auf fünf Meter an das stürzende Wasser heran und nehmen auf dem Hurricane Deck, so benannt wegen der böigen Winde und des tosenden Lärms, eine kräftige Dusche. Ebenso nass wird man an Bord der „Maid of the Mist", eines vor den Fällen winzig erscheinenden Ausflugsbootes, das bereits 1876 Passagiere und Fracht über den Niagara River kutschierte und erst nach Fertigstellung der Rainbow Bridge zum Touristenboot umfunktioniert wurde. Während der Fahrt hat man einen grandiosen Ausblick auf die Fälle und bekommt das Wasser mitten ins Gesicht – kein Hinderungsgrund für die vielen Besucher, an Bord zu gehen.

Die Geschichte der Niagara Falls beginnt vor ungefähr zwölftausend Jahren, zum Ende der letzten Eiszeit. Das Schmelzwasser der letzten Gletscher brachte den Lake Erie zum Überlaufen und schuf den Niagara River, durch den das Wasser in den Lake Ontario ablaufen konnte. Der Missionar Louis Hennepin bekam die gigantischen Wasserfälle im Dezember 1678 als erster Weißer zu Gesicht. Über fünfzig Meter stürzten die Wassermassen schon damals über die Felsen. Die Nutzung der Wasserfälle begann bereits im 18. Jahrhundert. 1759 entstand eine Wassermühle, 1882 das erste Kraftwerk, das die Mühlen der Gegend und die Straßenbeleuchtung einiger Siedlungen mit Strom versorgte, 1895 das damals weltweit größte Kraftwerk, das 1961 durch das noch größere „Kraftwerk Robert Moses Niagara" ersetzt wurde.

Goat Island, eine kleine Insel, lenkt das Wasser des Niagara River in zwei Kanäle. Die großen Horseshoe Falls liegen auf kanadischer, die kleineren American Falls auf US-amerikanischer Seite. Ungefähr 5750 Kubikmeter pro Sekunde fallen täglich über die Klippen, nachts und außerhalb der Hochsaison wird der Wasserfluss gedrosselt und ein Großteil in die benachbarten Kraftwerke abgeleitet. Einen seltenen Anblick boten die Niagara Falls am 29. März 1848, als große Eisschollen von einem Sturm in den Fluss getrieben wurden und den Lake Erie blockierten. 1969 lagen die American Falls sogar fünf Monate trocken, um es Wissenschaftlern zu ermöglichen, den felsigen Boden geologisch zu untersuchen.

Abenteuerliche Stunts

Der Drang, die Wasserfälle in selbst gebauten Booten oder Tonnen zu besiegen, beschäftigte manche Menschen schon im 19. Jahrhundert. Der erste Versuch misslang 1829, und auch während der folgenden Jahre bezahlten die meisten „Daredevils" ihren Wagemut mit dem Leben. Die erste erfolgreiche „Befahrung" der Wasserfälle gelang einer 63-jährigen ehemaligen Lehrerin. Annie Taylor, eine mittellose Witwe, wollte sich mit ihrem Stunt ihre Rente verdienen. Doch obwohl ihr die Fahrt in einem selbst konstruierten Holzfass gelang, endete sie als kaum beachtete Straßenhändlerin am Rand der Fälle.

Am 9. Juli 1960 kenterte oberhalb der Fälle ein Boot, und der damals siebenjährige Roger Woodward wurde über den Rand gespült. Nur seiner Schwimmweste und seinem Schutzengel hatte er zu verdanken, dass er lediglich mit einer leichten Gehirnerschütterung überlebte. Er war der einzige Mensch, der einen Sturz über die Fälle ohne größere Hilfsmittel überlebte.

Seit 1980 stehen alle freiwilligen Versuche, die Fälle in Fässern oder ähnlichen „Transportmitteln" zu meistern, unter Strafe. Spektakulär war allerdings der Hochseilakt von Nik Wallenda, der die 330 Meter langen Horseshoe Falls auf einem Drahtseil überquerte und dafür 25 Minuten brauchte. Doch auch ohne diese abenteuerlichen Stunts üben die Niagara Falls eine magische Anziehungskraft auf die Besucher aus, denn warum sonst würden sie eine steile Treppe erklimmen oder an Bord eines schaukelnden Schiffes gehen, nur um das eiskalte Wasser des Niagara River im Gesicht zu spüren?

Links: *Nach Einbruch der Dunkelheit erstrahlen die Wasserfälle während der Saison in bunten und manchmal auch patriotischen Farben.*

Oben: *Gigantisch erscheinen die Wassermassen, wenn man mit den kleinen Ausflugsbooten nahe heranfährt.*

Kleine Bilder rechts, von oben nach unten: *Über Holztreppen steigen viele Besucher bis zum Hurricane Deck empor – nur ein paar Schritte von den Fällen entfernt.*

Weiß rauschen die Wasser der American Falls in die Tiefe. Jährlich besuchen über zwölf Millionen Menschen die Niagara Falls.

Maid of the Mist sind die Boottouren an den Niagarafällen betitelt. Sie finden bereits seit 1846 statt.

Nässeempfindlich darf man bei einer Besichtigung der Niagara Falls nicht sein – die Plastikponchos helfen nur bedingt.

Linke Seite:
Die City Hall von Buffalo ist eines der höchsten öffentlichen Gebäude der USA. Errichtet wurde der 115 Meter hohe Bau im Stil des Art-Déco.

Die riesigen Getreidesilos erinnern an Buffalos wirtschaftliche Bedeutung als größter Getreidehafen der Welt im frühen 20. Jahrhundert. Heute bieten sie Platz für große Events.

Unter anderem historische Automobile findet man in „The Buffalo Transportation Pierce-Arrow Museum", das diesem Autohersteller gewidmet ist. Die Firma existierte von 1901 bis 1938.

Links und links unten:
Den besten Ausblick in Toronto hat man vom 553 Meter hohen CN Tower. Der Turm wurde nach dreijähriger Bauzeit am 6. Februar 1976 fertiggestellt. Er ist eines der höchsten freistehenden Bauwerke der Welt. Von 1975 bis 2009 war er der höchste Fernsehturm der Welt. Über dreißig Programme werden über den Turm ausgestrahlt. Von der American Society of Civil Engineers wurde er zu einem der sieben Weltwunder der modernen Welt erklärt.

Unten:
Blick über den Nathan Phillips Square auf das Alte Rathaus von Toronto. Das neoromanische Gebäude wurde 1899 eröffnet und inzwischen in seiner Funktion von der neuen City Hall abgelöst.

Rechts oben:
Der Grange Park liegt am nördlichen Ende der John Street und ist von Kunstmuseen umgeben. Die futuristisch gestaltete Treppe gehört zur Art Gallery. Auch der gepflegte und sehr bürgerliche Stadtteil um den Park wird Grange Park genannt.

Rechts unten:
Die geschäftige Yonge Street ist die Lebensader des kanadischen Toronto. Im Eaton Centre, dem größten Kaufhaus an der Shopping-Meile, ist Indigo Books beheimatet, die größte Buchhandlung des Landes.

Linke Seite:
Als „Grand Canyon of the East" wird die Schlucht des Genesee River im Letchworth State Park gepriesen. Zu beiden Seiten des Flusses ragen die mit lichten Wäldern bewachsenen Ufer steil empor. Die Gegend gehörte zu den Jagdgründen der Irokesen.

Anmutige Natur und ländliche Idylle findet man in Upstate New York. Nahe Portageville fährt man vorbei an romantischen Farmen.

Nach einer Legende der Irokesen verharrt die Sonne etwas länger über den Middle Falls des Genesee River, um ihre Schönheit zu bewundern. In ihrem Licht kreisen Weißkopfseeadler und Falken, streunt Rotwild durch die Laubwälder.

Unten:
Ithaca, nach einer griechischen Insel benannt, gilt als liberalste Stadt der Ostküste. Am Ufer des Cayuga Lake gelegen, geizt die Stadt nicht mit Natur, zahlreiche Parks und Wasserfälle machen die Umgebung zu einem beliebten Ausflugsziel.

Unten:
„I love New York" – seit vielen Jahren hängt der Aufkleber mit dem roten Herzen an den Stoßstangen zahlreicher Autos, und jeder denkt dabei nur an die Wolkenkratzer-Metropole. Doch weiter nördlich hat der Staat auch unverfälschte Natur zu bieten – wie hier bei den Taughannock Falls.

Ganz unten:
„Zurück zur Natur" – ein Motto des State of New York, der zeigen will, dass man mehr zu bieten hat als das hektische Manhattan und staugefährdete Interstates und Highways. Nur wenige Stunden von der Metropole entfernt locken Urlaubsgebiete wie die Adirondack Mountains – hier Wells am Lake Algonquin.

Seite 132/133:
Der Lake Champlain liegt zwischen den Green Mountains und den Adirondacks an der Grenze zwischen New York State und Kanada. Er ist nach dem französischen Entdecker Samuel de Champlain benannt, der den See im Jahr 1609 als erster Europäer zu Gesicht bekam.

Auf der Fähre nach Mackinac Island im Lake Huron. Autos und Motorräder sind auf der Insel nicht zugelassen, die einzigen Fortbewegungsmittel sind Pferdekutschen und Fahrräder.

Impressum

Bildnachweis
Alle Bilder von Christian Heeb mit Ausnahme von:
Dirk Ernst: S. 32 Bild oben, S. 47 kleines Bild oben
Thomas Jeier/www.jeier.de: S. 40 Bild Mitte, S. 41 kleines Bild ganz unten, S. 72 Bild unten, S. 91 kleines Bild Mitte, S. 92 Bild unten, S. 100 Bild links, S. 107 Bild oben, S. 110 kleines Bild oben und unten, S. 115 kleines Bild oben, S. 125 (2 Abb.)
S. 124: Maureen aus Buffalo, USA / Wikipedia Commons Lizenz by-2.0

Christian Heeb, der Schweizer Fotograf dieses Buches, veranstaltet jedes Jahr mehrere Fotoreisen und Workshops in den USA und weltweit. Weitere Informationen unter www.heebphoto.com

Buchgestaltung
Matthias Kneusslin
www.hoyerdesign.de

Karte
Fischer Kartografie, Aichach

Printed in Italy
Repro: Artilitho snc, Lavis-Trento, Italien
www.artilitho.com
Druck und Verarbeitung: Grafiche Stella srl, Verona, Italien
www.grafichestella.it

ISBN 978-3-8003-4346-1

Unser gesamtes Programm finden Sie unter:
www.verlagshaus.com